TÖDLICHER IRRTUM

Von Volker Borbein und Christian Baumgarten

Cornelsen

TÖDLICHER IRRTUM
Volker Borbein und Christian Baumgarten

Lektorat: Pierre Le Borgne, München
Illustrationen: Detlef Surrey, Berlin
Technische Umsetzung: Rotraud Biem, Berlin
Umschlaggestaltung: Cornelsen Verlag Design

www.cornelsen.de

1. Auflage, 1. Druck 2009

Druck: CS-Druck CornelsenStürtz, Berlin

ISBN 978-3-589-01509-2

Inhalt gedruckt auf säurefreiem Papier aus nachhaltiger Forstwirtschaft.

INHALT

Die beigelegte Audio-CD macht diesen Krimi auch zum vergnüglichen Hörerlebnis.
Sie können diese spannende Geschichte in Ihren CD-Spieler einlegen oder über einen mp3-Player zu Hause, bei einer Auto-, Zug- oder Busfahrt anhören und genießen.

VORWORT

Privatdetektiv Patrick Reich und seine Lebensgefährtin Constanze wollen auf der Nordseeinsel Sylt ein paar Tage Urlaub machen. Der Kurzurlaub nimmt ein unerwartetes Ende. Ein Aktenkoffer führt zu einem tödlichen Irrtum.

Die Hauptpersonen dieser Geschichte sind:

Ein Fremder im Zug
Er sitzt neben Constanze.
Ist er für eine Katastrophe verantwortlich?

Ein mysteriöser BMW-Fahrer
Welche Rolle spielt er?

Bernhard Diener
Inhaber des Clubs „Bel Etage“.
Er wird Zeuge einer Entführung*.

* eine Person in seine Gewalt bringen und Geld für ihre Freiheit verlangen

Richard Tauber
Kriminalhauptkommissar.
Freund von Patrick Reich.

Patrick Reich
Privatdetektiv. Er hat Angst.

Constanze Zeigen
Freundin von Patrick Reich.
Sie wird das Opfer einer Verwechslung.

Orte der Handlung: Berlin und Westerland/Sylt,
Zug von Hamburg-Altona nach Westerland
Zeit der Handlung: Ostern

KAPITEL | 1

Berlin
1. April, Gründonnerstag[1]

Leise klopft der Regen an die Fenster. Constanze hat es sich in der Küche gemütlich gemacht. Sie trinkt einen heißen Tee. Zufrieden schaut sie aus dem Fenster. Sie freut sich auf ein verlängertes Wochenende auf Sylt[2]. Die Tür geht auf. Patrick kommt in die Küche. Er umarmt seine Lebensgefährtin.

„Möchtest du auch einen Tee?“

„Gerne! Ist noch etwas von dem Kuchen übrig geblieben?“

„Ein kleines Stück.“

Patrick genießt[3] den heißen Tee und den Rest des Schokoladenkuchens.

„Hast du schon gepackt?“, fragt Patrick.

„Ja. Mein Koffer ist gepackt. Um deine Reisetasche kümmere ich mich später.“

„Wann fährst du morgen früh?“

„Abfahrt 9.26 Uhr Hauptbahnhof, Gleis 8. Umsteigen in Hamburg-Altona[4]. Ankunft in Westerland[5] 15.35 Uhr.“

1 drei Tage vor Ostern
2 *www.sylt.de*
3 Freude empfinden
4 Hamburg: zweitgrößte Stadt Deutschlands; Altona: westlicher Stadtteil von Hamburg
5 touristisch bedeutender Kurort auf Sylt

Patrick lächelt.

„Deine Antwort ist kurz und knapp, wie das Protokoll eines Polizisten."

„Mein Schatz, das habe ich von dir gelernt."

„Schade, dass wir nicht gemeinsam fahren können. Ich kann immer noch nicht genau sagen, wann ich Sonnabend aus dem Büro komme. Ich rufe dich aus dem Zug an und sage dir, wann ich in Westerland bin."

„In Ordnung, Patrick. So machen wir das. So, und jetzt wird gepackt. Du brauchst zwei Jacketts, zwei Pullover, zwei Hosen", sagt Constanze energisch.

„Oh nein, bitte nicht so viel Gepäck. Es fällt niemandem auf, wenn ich an zwei Abenden das gleiche Jackett und die gleiche Hose trage."

„Doch. Mir fällt es auf, Liebling. Tu es für mich. Außerdem gehen wir am Samstag und am Sonntag essen. Morgen Abend treffe ich im übrigen Bernhard, auch Bernhardiene genannt."

„Muss ich eifersüchtig[6] sein?" Constanze lacht laut auf. „Mit Sicherheit nicht."

„Na gut, packen wir. Aber zuvor, Constanze, möchte ich einen Kuss von dir."

6 Zweifel an der Treue des Partners haben

KAPITEL | 2

Zug von Hamburg-Altona nach Westerland
2. April, Karfreitag[7], 12.33 Uhr

In Hamburg-Altona geht Constanze auf den Bahnsteig 6 und steigt in die Nordostseebahn nach Westerland um. Sie sucht ihren Platz. Ein gepflegter[8] junger Mann sitzt auf ihrem reservierten Fensterplatz. Er hat lange schwarze Haare und trägt ein auffallendes Parfum. Er liest Zeitung. Von Constanze nimmt er keine Notiz.

„Entschuldigung. Sie sitzen auf meinem Platz. Ich habe den Platz am Fenster reserviert", sagt Constanze zaghaft[9].

7 Freitag vor Ostern, Tag der Kreuzigung von Christus. Der Karfreitag ist für Christen einer der höchsten Feiertage.
8 ordentlich, sauber
9 unsicher

Sie zeigt auf ihre Platzreservierung. Der junge Mann reagiert ungehalten[10].

„Tut mir leid, ich dachte, der Platz sei nicht besetzt."

Er steht auf und legt seine Zeitung auf den Platz am Gang. Seinen schwarzen Aktenkoffer lässt er an dem Platz über dem Fenster. Constanze legt ihren Aktenkoffer daneben. Der junge Mann hilft Constanze, ihren Trolley[11] unterzubringen.

„Ich fahre bis Westerland und schaue gern aus dem Fenster. Ich finde die Landschaft schön."

„Kein Problem", sagt der junge Mann nun mit freundlicher Stimme. Der Zug setzt sich in Bewegung.

„Fahren Sie die Strecke öfter?"

„Früher ja", antwortet Constanze. „Als Kind habe ich mit meinen Eltern die Ferien immer auf Sylt verbracht. Wir haben dort eine Ferienwohnung. Ich bin aber lange nicht mehr auf der Insel gewesen." Constanze macht eine kleine Pause.

„Warum nicht?"

„Ich hatte keine Gelegenheit."

„Darf ich Sie fragen, was Sie beruflich machen?"

„Ich arbeite seit einigen Monaten als Sozialarbeiterin[12] an einer Schule in Berlin. Und Sie, was machen Sie?"

„Ich bin für mehrere Sicherheitsfirmen tätig."

„Das ist ja interessant. Erzählen Sie." Die Neugier von Constanze ist geweckt.

10 voller Ärger

11 Koffer mit kleinen Rädern

12 Person, die Menschen in schwierigen sozialen Verhältnissen betreut

„Ach, wissen Sie, das ist ein Job wie jeder andere auch. Viel Routine."

Constanze merkt, dass ihr Nachbar nicht über seinen Beruf reden möchte. Sie holt ein Buch aus ihrer Manteltasche. Mal liest sie, mal schaut sie aus dem Fenster. Sie bestellt bei dem Bistrowagen Kaffee und Kuchen.

Der junge Mann ist eingeschlafen. Handy[13] und Zeitung liegen auf seinen Knien. Constanze blickt aus dem Fenster und sieht mit einem Mal den Nord-Ostsee-Kanal[14] unter sich. Beladene[15] Schiffe fahren auf dem Kanal. Constanze schaut auf die Uhr: 13.33 Uhr.

„Noch zwei Stunden und ich bin auf Sylt."

13 Mobiltelefon

14 verbindet die Nordsee mit der Ostsee (99 km)

15 voll mit Transportgütern

15.00 Uhr

Der Zug fährt über den Hindenburgdamm[16]. Constanze ist fasziniert. Sie fragt sich, „Wo beginnt das Meer und wo beginnt das Land?"

15.29 Uhr

„Keitum[17], hier ist Keitum."

Erschreckt springt der junge Mann auf. Er nimmt den schwarzen Aktenkoffer. Er verlässt schnell den Zug, ohne sich von Constanze zu verabschieden. Constanze sieht ihn Sekunden später auf dem kleinen Bahnhof. Er telefoniert. Er sieht nervös aus.

16 der 11 km lange Damm verbindet die Insel Sylt mit dem Festland

17 Ort auf Sylt; der grüne Ort der Insel

KAPITEL | 3

Westerland/Sylt
2. April, Karfreitag, 15.35 Uhr

„Westerland. Sehr geehrte Fahrgäste, der Zug endet hier. Bitte aussteigen."

Constanze nimmt ihren Trolley. Den Aktenkoffer legt sie oben auf. Sie geht zu Fuß durch die Innenstadt zur Ferienwohnung.

Ostern steht vor der Tür. Die Insel erwacht aus ihrem Winterschlaf. Überall ist das erste zaghafte Grün zu sehen. Die Sylter sind dabei, ihre Gärten herzurichten. Buntbemalte Ostereier[18] hängen an Bäumen in den Vorgärten. Die Saison wird eröffnet.

18 Osterbrauch

Die Ferienwohnung liegt im vierten Stock in der Brandenburger Straße Nr. 20. Constanze nimmt den Fahrstuhl. Voller Freude betritt sie die Wohnung. Trolley und Aktenkoffer stellt sie in das Schlafzimmer. Constanze öffnet die Fenster. Frische Luft breitet sich in den Räumen aus. Die Sonne bringt Licht in die Wohnung. Constanze genießt den Blick hinaus zu den Dünen[19] und zum Meer. Sie fühlt sich wohl.

Sie ruft Patrick an. Die Mailbox geht an. „Schatz, ich wollte dir nur sagen, dass ich gut angekommen bin. Bis bald, ich liebe dich."

Sie schaltet das Radio ein.

„Und nun zum Wetter. Die Vorhersage für die nächsten Tage: Sonne und Wolken wechseln sich ab. Wind mit Stärke vier aus Nordwest. Die Tagestemperaturen liegen zwischen 11 und 14 Grad."

„Typisches Syltwetter", denkt Constanze und macht sich auf den Weg, um die wichtigsten Lebensmittel einzukaufen. Trotz des Feiertages haben einige Geschäfte geöffnet.

In der Stadt begegnet sie Bernhard. Er begrüßt Constanze herzlich und laut. Fußgänger drehen sich erstaunt um. Constanze ist das ein wenig peinlich[20].

Constanze kennt Bernhard schon seit einer Ewigkeit[21]. Er hat sich kaum verändert. Bernhard ist bunt gekleidet. Über

19 Hügel aus Sand
20 unangenehm
21 seit sehr langer Zeit

dem schneeweißen Hemd liegt ein lila[22] Kaschmirpullover. Die farbige englische Hose und die schicken Sportschuhe sehen teuer aus. Er trägt auffallenden Schmuck. Die goldene Halskette mit einem Kreuz passt zu seiner großen Armbanduhr.

„Das ist ja eine Überraschung. Mit dir habe ich noch nicht gerechnet. Schön, dich schon jetzt zu sehen. Warum bist du so lange nicht mehr auf der Insel gewesen? Wie geht es deinen Eltern? Bist du mit deinem Mann hier? Habt ihr endlich geheiratet? Bist du mit deinem Studium fertig?“, fragt Bernhard neugierig.

„So viele Fragen und alle durcheinander! Heute Abend antworte ich dir. Jetzt muss ich erst einmal einkaufen.“

„Einverstanden. Komm aber nicht zu spät. Wir haben uns sicherlich viel zu erzählen.“

Lachend verabschieden sich beide.

22 Mischfarbe aus Blau und Rot, violett

KAPITEL | 4

Westerland/Sylt
2. April, Karfreitag, 21 Uhr

Gegen 21 Uhr geht Constanze in den Club von Bernhard. Er liegt in der Nähe der Strandpromenade und ist ein beliebter Treffpunkt[23] für Menschen, die Musik mögen und sich unterhalten wollen.

„Schön, dass du gekommen bist", begrüßt Bernhard Constanze herzlich. „Darf ich dir etwas zu trinken anbieten?"

„Gerne. Einen Apfelkorn mit Wasser[24]."

„Kommt sofort. So, liebe Constanze, jetzt erzähle. Wie hast du deinen Freund kennen gelernt?"

23 Ort, an dem mehrere Personen zusammenkommen
24 ein alkoholisches Getränk

„In einem Französischkurs an der Volkshochschule Region Kassel[25]. Aus der Liebe zur französischen Sprache wurde die Liebe zwischen Patrick und mir."

„Wollt ihr heiraten? Ich liebe Hochzeiten."

„Schon möglich. Du wirst es rechtzeitig erfahren."

„Und wollt ihr Kinder?"

Constanze wird rot im Gesicht. Bernhard fragt schnell weiter.

„Wie alt ist dein Freund?"

„Er ist etwas älter als ich."

„Wie viele Jahre?"

Bernhard möchte wirklich alles wissen.

„Patrick ist Mitte dreißig. Also etwa zehn Jahre jünger als du, lieber Bernhard. Und genau wie du sieht er jünger aus."

„Danke für das Kompliment", sagt Bernhard geschmeichelt[26]. „Ich muss trotzdem an meiner Figur arbeiten."

Constanze widerspricht[27] nicht.

Sport könnte Bernhard wirklich nicht schaden.

„Joggen wir morgen früh zusammen am Strand?", schlägt Bernhard vor.

„Das geht leider nicht. Morgen früh habe ich einen Termin in einer Agentur, die meine Ferienwohnung vermieten soll. Ich habe eine volle Stelle als Sozialpädagogin an einer Schule in Berlin. Ich, das heißt wir, werden wohl nur noch zwei oder drei Mal im Jahr einen kurzen Urlaub machen können."

25 *www.vhs-nordhessen.de*
26 etwas sehr Angenehmes hören
27 widersprechen: *Gegenteil von* zustimmen

„Schade. Weißt du was? Ich lasse mich morgen in meinem Club vertreten. Dann können Patrick, du und ich den Samstagabend gemeinsam verbringen."

„Tolle Idee", antwortet Constanze.

„Ich habe Lust auf Fisch. Gehen wir in das ‚Fährhaus'[28]?"

„ Du weißt immer noch, wo man den besten Fisch essen kann."

Mit einer herzlichen Umarmung sagen sich Constanze und Bernhard auf Wiedersehen.

28 sehr bekanntes Restaurant auf Sylt

KAPITEL | 5

Westerland/Sylt
3. April, Samstagmorgen, 7.45 Uhr

Constanze wacht auf. Sie schaut auf den Wecker. 7.45 Uhr. Sie bleibt noch ein paar Minuten im Bett. Dann steht sie auf. Sie hat sich für den Tag viel vorgenommen. Nach einem knappen Frühstück geht sie ins Badezimmer. Ein Blick aus dem Fenster sagt ihr, dass am frühen Morgen noch warme Kleidung angesagt ist.

„Gut, dass ich den Mantel mitgenommen habe“, denkt Constanze.

Um 9.30 Uhr hat sie einen Termin bei der Agentur, die ihre Ferienwohnung vermieten soll. Sie öffnet den Aktenkoffer, um die notwendigen Unterlagen[29] für das Gespräch herauszunehmen.

„Das darf doch nicht wahr sein!“, ruft sie laut.

29 geschriebene Texte, Dokumente

Constanze trinkt ein Glas Wasser. Nach und nach beruhigt sie sich. Constanze spricht mit sich selbst.

„Ich habe den falschen Aktenkoffer. Es gibt nur eine Möglichkeit: Der Koffer wurde im Zug verwechselt. Jemand anders ist jetzt im Besitz meines Aktenkoffers. Ja, natürlich! Der Mann im Zug. Er hat geschlafen. Kurz vor Keitum ist er aufgewacht und in der Hektik des Aufbruchs[30] hat er meinen Aktenkoffer mitgenommen. So muss es gewesen sein. Patrick wäre stolz auf mich."

Constanze schaut sich die Papiere genauer an, findet aber keinen Hinweis auf den Besitzer. Sie findet jedoch einen Bauplan eines Hauses. Auf ihm ist in roter Farbe ein Weg durch ein Haus markiert. Er führt vom Keller in den vierten Stock. Auch die Adresse des Hauses ist angegeben: Maybachstraße 12 sowie ein Datum: 3. April. Auf einem kleinen Zettel steht: Orgami Typ SE KB.

Constanze ist ratlos[31]. Was hat das alles zu bedeuten? Telefonisch ist Patrick nicht zu erreichen. Deshalb notiert sie auf einem Zettel Straßennamen, Hausnummer, Datum und das merkwürdige Wort „Orgami Typ SE KB" und legt die Notizen unter das Telefon im Flur[32]. Vielleicht kann ihr Freund, Patrick Reich, etwas damit anfangen.

Das Gespräch in der Agentur ist kurz.

Ohne Dokumente kein Vertrag!

Auf dem Rückweg kauft Constanze ein.

30 in großer Eile beim Weggehen

31 nicht wissen, was man tun soll

32 Gang in der Wohnung, der die einzelnen Zimmer miteinander verbindet

KAPITEL | 6

Westerland/Sylt
3. April, Samstag, 10.30 Uhr

Der Fahrstuhl ist außer Betrieb. Ausgerechnet heute. So ein Pech. Constanze geht die Treppe herauf. Eine innere Stimme sagt ihr, dass heute, am 3. April, etwas Schlimmes passieren wird. Sie geht schneller. Vor der Wohnungstür bleibt sie stehen. Sie traut ihren Augen nicht[33]. Die Wohnungstür ist aufgebrochen. Constanze ist über sich erstaunt. Sie empfindet keine Angst. Leise geht sie in ihre Wohnung. Sie bemerkt den Geruch eines Männerparfums. Sie geht in das Schlafzimmer. Plötzlich wird ihr schwarz vor Augen. Sie fällt auf den Boden. Wie von weitem hört sie eine drohende Stimme:

„Wo ist der Aktenkoffer? Reden Sie!“

33 hier: glauben

Constanze spürt eine Pistole[34] an ihrem Kopf.

„Wo ist der Aktenkoffer?"

Langsam hebt sie ihren rechten Arm und zeigt auf die Küche. Sie verliert von neuem das Bewusstsein.

Als sie wieder zu sich kommt, sieht sie den Unbekannten aus dem Zug. Ihre Blicke kreuzen[35] sich für den Bruchteil einer Sekunde.

„Die Frau weiß zu viel", hört sie einen der zwei Männer sagen. „Wir können sie nicht hier lassen. Wir nehmen sie mit und entscheiden später über ihr Schicksal[36]."

Constanze versucht zu schreien. Kein Ton kommt aus ihrem Hals. Sie hat Angst, Todesangst.

10.45 Uhr

Die beiden Männer nehmen Constanze zwischen sich. Langsam gehen sie die Treppe hinunter. Jetzt spürt Constanze die Pistole im Rücken. Auf dem Parkplatz vor dem Haus steht ein dunkler BMW[37]. Constanze ist verzweifelt[38].

„Gibt es denn niemanden, der sieht, dass ich entführt werde?" Bevor sie in das Auto gestoßen wird, blickt sie sich kurz um. Sie sieht Bernhard. Von weitem winkt er ihr zu.

„Kann das die Rettung sein?" Zu spät. Als Bernhard sich dem Wagen nähert, gibt der Fahrer Gas.

34 kurze Schusswaffe, Revolver
35 sich begegnen
36 hier: Zukunft, Los
37 Bayrische Motoren Werke. Der Hauptsitz des Unternehmens befindet sich in München
38 ohne Hoffnung

KAPITEL | 7

Irgendwo auf Sylt
3. April, Samstag, 10.50 Uhr

Mit verbundenen Augen liegt Constanze auf dem Rücksitz des Autos. Die beiden Männer schweigen. Constanze versucht, sich zu konzentrieren. Sie erinnert sich an einen Fall, über den Patrick gesprochen hatte. Eine Frau wurde entführt. Sie konnte der Polizei nach ihrer Rettung wichtige Hinweise geben. Sie hatte sich gemerkt, in welcher Richtung die Verbrecher fuhren. Und sie konnte auch etwas über den Zustand[39] der Straßen sagen.

Nach ungefähr 30 Minuten Fahrt hält das Auto. Die beiden Männer zerren[40] Constanze aus dem Wagen. Constanze riecht frische Luft und spürt einen starken Wind. Sie

39 hier: Qualität und Art einer Straße
40 mit Gewalt ziehen

ahnt[41], wo sie sein könnte: im Norden von Sylt, wo allein stehende Häuser dem Wind ausgesetzt sind.

11.20 Uhr

„Wir müssen am ‚Ellenbogen'[42] sein", denkt Constanze. Wenige Sekunden später wird sie in ein Haus geführt. Die Männer gehen mit ihr eine Treppe hinunter. Constanze zählt sieben Stufen. Kalte Luft umgibt sie.

„Schau nach, ob sie ein Handy hat", sagt der ältere zu dem jüngeren Mann aus dem Zug. Er findet es in der rechten Manteltasche.

„Hat sie telefoniert?"

„Ja. Gestern."

„Wir dürfen keine Spuren hinterlassen. Zerstöre das Handy."

Der junge Mann gehorcht.

Sie setzen Constanze auf einen Stuhl und fesseln[43] sie mit einem Seil. Dann verlassen beide ihr Opfer. Constanze hört durch die geschlossene Kellertür das Gespräch der beiden Männer. „Was machen wir mit der Frau? Eine Entführung war nicht vorgesehen. Hast du einen Vorschlag?"

Pause.

„Wir lassen sie in diesem Haus, bis alles vorbei ist. Danach sehen wir weiter. Aber eines ist sicher. Wir können sie nicht einfach gehen lassen. Sie hat dich im Zug gesehen

41 annehmen, fühlen, vermuten

42 Abschnitt im Norden der Insel

43 einer Person die Hände (und die Füße) zusammen binden, damit sie sich nicht bewegen kann

und kann der Polizei von dir eine genaue Beschreibung geben. Sie ist für uns ein Sicherheitsrisiko. Wir müssen sie aus dem Weg räumen[44]."

„Da mache ich einfach nicht mit", hört Constanze den Mann aus dem Zug sagen. „Einbruch[45] ist Einbruch. Aber Mord[46] ist eine andere Sache. Wir lassen sie einfach hier. Ich habe das Haus für zwei Wochen gemietet. Und morgen sind wir über alle Berge[47]."

„Wir werden sehen. Fahren wir zurück in die Maybachstraße. Auf uns wartet ein Job, ein lukrativer."

Beide verlassen lachend den Keller. Tausend Gedanken gehen Constanze durch den Kopf. Sie denkt fieberhaft nach.

44 töten
45 mit Gewalt in ein fremdes Haus eindringen
46 einen Menschen mit Absicht töten
47 weg sein

KAPITEL | 8

Berlin/Westerland
3. April, Samstagnachmittag

Patrick Reich macht sich große Sorgen. Seit Freitagabend hat er nichts mehr von seiner Freundin gehört. Das ist ungewöhnlich. Sie ist telefonisch nicht zu erreichen, weder auf dem Festnetz[48] noch auf dem Handy. Er ist in so großer Sorge, dass er mit dem Flugzeug nach Sylt fliegt.

Ein Taxi bringt ihn in die Brandenburger Straße. Die Haustür steht offen. Feriengäste laden ihre Koffer aus und stellen sie an den Fahrstuhl. Das dauert Patrick alles viel zu lange. Er geht schnell die Treppen hinauf. Die Wohnung liegt im vierten Stock. Es ist die letzte Wohnung auf dem Gang. Er sieht die aufgebrochene Wohnungstür. Sein Herz klopft wie wild[49]. Er versucht ruhig zu atmen.

48 hier: klassischer Telefonapparat zu Hause oder im Büro
49 sehr laut und intensiv; außer Kontrolle

Entschlossen geht er in die Wohnung. Privatdetektiv Patrick Reich durchsucht systematisch die Wohnung. Es ist alles aufgeräumt. Die Kleider hängen ordentlich im Schrank. Nichts deutet auf einen Diebstahl[50] hin. Auf dem Küchentisch stehen Einkaufstüten. Der Kassenbon zeigt, dass Constanze um 9.55 Uhr eingekauft hat. Patrick geht in den Flur. Der Mantel von Constanze ist weg. Neben der Garderobe steht das Telefon.

„Was ist das?“, fragt sich Patrick, als er einen Zettel sieht, der zur Hälfte unter dem Telefonapparat liegt. Er erkennt sofort die Handschrift von Constanze.

Maybachstraße 12
3. April
Orgami Typ SE KB

„Orgami Typ SE KB, um Gottes Willen! Das bedeutet Lebensgefahr für Constanze.“

Patrick zwingt sich zur Ruhe.

Wie kann er seine Freundin retten?

50 das verbotene Nehmen von Dingen, die anderen gehören

KAPITEL | 9

Westerland/Sylt
3. April, Samstagnachmittag

Patrick Reich ruft Bernhard an.

Patrick kennt Bernhard nur durch Erzählungen seiner Lebensgefährtin. Patrick ist fremd auf der Insel. Bernhard ist der einzige Mensch, an den er sich wenden kann. Vor ihrer Abfahrt hatte Constanze ihm die Telefonnummer gegeben. „Man kann ja nie wissen."

Zehn Minuten später erscheint Bernhard in der Ferienwohnung.

„Sie müssen Patrick sein. Constanze hat mir viel von Ihnen erzählt."

Bernhard ist aufgeregt.

„Was ist passiert, Patrick? Ich darf Sie doch Patrick nennen?" Patrick nickt.

„Kann ich Ihnen in irgendeiner Weise helfen. Ich ..." Patrick unterbricht ihn.

„Constanze ist verschwunden!"

„Wie bitte?“, fragt Bernhard ungläubig.

„Constanze ist verschwunden[51]. Seit gestern Abend habe ich nichts mehr von ihr gehört. Seit gestern Abend versuche ich, sie telefonisch zu erreichen. Ohne Erfolg. Ich mache mir die größten Sorgen“, sagt Patrick leise.

„Wann haben Sie meine Freundin gesehen?“

„Gestern Abend. Wir haben uns in meinem Club ‚Bel Etage‘ getroffen. Wir hatten uns viel zu erzählen. Gegen 22.30 Uhr ist sie nach Hause gegangen. Sie hatte wohl Samstagmorgen einen Termin in einer Agentur.“

„War sie anders als sonst?“, möchte Patrick wissen.

„Nein, überhaupt nicht.“

„Haben Sie Constanze danach noch einmal gesehen?“

Bernhard schüttelt den Kopf.

„Augenblick, doch. Mein Gott, wie konnte ich das vergessen.“

„Was haben Sie vergessen?“

„Ich hatte heute morgen in der Gegend zu tun. Ich habe Constanze auf dem Parkplatz vor dem Haus gesehen. Ich habe ihr von weitem zugewunken. Sie hat aber nicht reagiert. Das hat mich schon gewundert.“

„War sie allein?“

„Nein, sie wurde von zwei Männern begleitet, die dicht, zu dicht neben ihr gingen. Wenn ich jetzt so richtig überlege: Ich glaube, die beiden Männer haben sie gezwungen, in das Auto zu steigen.“

Seine Stimme ist leise geworden.

Patrick wird im Gesicht weiß wie eine Wand.

51 nicht mehr da sein

„Ist Ihnen noch etwas aufgefallen? Autotyp, Farbe? Haben Sie das Kennzeichen[52] des Wagens erkannt? Wissen Sie, in welche Richtung der Wagen gefahren ist? Bitte denken Sie genau nach. Jede Kleinigkeit kann wichtig sein."

„Es handelt sich um einen dunklen BMW. Von dem Kennzeichen habe ich nur die ersten beiden Buchstaben gesehen: KS[53]. Mehr konnte ich leider nicht sehen. Der Wagen fuhr in Richtung Norden, Richtung List[54]."

52 Nummernschild
53 Stadt Kassel: *www.kassel.de*
54 Gemeinde im Norden auf Sylt

KAPITEL | 10

Westerland/Sylt
3. April, Samstag, am späten Nachmittag

„Meine Freundin ist entführt worden“, sagt Patrick nach einer Weile.

„Alles deutet darauf hin: Ihre Beobachtungen und die Notizen von Constanze.“

„Und was sagen Ihnen die Notizen?“

„Ganz einfach. Am 3. April soll in der Maybachstraße 12, wo die German Bank eine Filiale hat, ein Safe ausgeräumt werden. Die Täter kennen sich aus. Es handelt sich um einen Orgami Typ SE KB. Die Täter denken, dass die Frau genau dieselben Schlussfolgerungen[55] zieht, wie ich. Deshalb haben sie Constanze entführt.“

55 Ergebnis

„Wir müssen sofort die Polizei verständigen“, sagt Bernhard aufgeregt. „Das Leben Ihrer Freundin steht auf dem Spiel.“

„Langsam, langsam. Wir dürfen jetzt keine Fehler machen. Fragen wir uns zuerst, wo sie Constanze versteckt haben könnten. In welchem Teil von Sylt gibt es einsam gelegene Häuser, die an Touristen vermietet werden?“

„Darum kümmere ich mich“, sagt Bernhard. „Freunde von mir kennen die Insel wie ihre Westentasche[56]. Außerdem arbeiten sie im Immobiliengeschäft. Ich rufe sie an.“

„Gut. Und ich verständige meinen Freund Richard Tauber. Er ist Kriminalhauptkommissar in Kassel.“

Fünf Minuten später.

Patrick Reich hat seinen Freund über einen möglichen Einbruch in der German Bank informiert und bittet ihn, seine Kollegen in Westerland zu unterrichten. Das Leben von Constanze habe aber höchste Priorität. Richard Tauber verspricht seine Unterstützung.

„Und? Was haben ihre Bekannten gesagt?“, fragt Patrick.

„Fast alle Ferienhäuser sind über Ostern vermietet. Besonders abseits gelegene Ferienhäuser gibt es im Norden von Sylt, am Ellenbogen.“

„Machen wir uns auf den Weg und suchen den dunklen BMW mit Kasseler Kennzeichen. Haben wir ihn, finden wir bestimmt auch das Haus“, sagt Patrick energisch. „Los geht’s!“

56 sehr genau kennen

„Bitte steigen Sie ein." Patrick nimmt neben Bernhard Platz. Bernhard fährt einen Volkswagen Beetle. Die Sonnenblume am Armaturenbrett[57] passt zu der Farbe des Autos: knallgelb[58]. Sie fahren Richtung Norden. Patrick achtet auf alle dunklen BMWs. Vor teuer aussehenden Häusern stehen noch teurer aussehende Autos. Sylt gilt als Insel der Reichen. Reichtum wird offen gezeigt. Aber all das interessiert Patrick nicht. Er ist auf der Suche nach seiner Lebensgefährtin. Seit zwei Stunden fahren Bernhard und Patrick über die Insel. Die Sonne ist untergegangen. Allmählich wird es dunkel.

„Da, da drüben rechts, da steht der BMW mit Kasseler Kennzeichen", ruft plötzlich Patrick. Bernhard fährt langsamer und hält fünfzig Meter vor dem Auto an. „Ja, ich erkenne es wieder."

Der gesuchte Wagen steht in der Einfahrt eines alten Friesenhauses[59] mit Reet[60] gedecktem Dach. Vorhänge sind vor den Fenstern. Patrick Reich und Bernhard Diener warten ungeduldig und voller Spannung im Auto.

57 Teil des Autos neben dem Lenkrad; Tafel mit Messgeräten – z.B. für die Geschwindigkeit

58 auffallend gelb

59 typisches traditionelles Haus auf Sylt

60 Schilf; Pflanze, die im Wasser wächst

KAPITEL | 11

Westerland/Sylt
3. April, Samstag, 23.17 Uhr

In dem Haus gehen die Lichter aus. „Endlich“, sagt Patrick. Zwei Männer kommen heraus. Sie steigen in den BMW mit Kasseler Kennzeichen. „So“, sagt Patrick zu Bernhard. „Ich gehe jetzt rein. Rufen Sie bitte die Polizei, wenn ich in 15 Minuten nicht zurück bin.“

Vorsichtig nähert sich Patrick dem Haus. Er hat keine Schwierigkeiten, die Tür zu öffnen. Er geht zuerst in das Obergeschoss und durchsucht die Zimmer. Nichts! Keine Spur von Constanze. Nach fünf Minuten hat er alle Räume im Ober- und Erdgeschoss durchsucht. Patrick wird nervös. Er fragt sich, ob er die ganze Zeit das richtige Haus beobachtet hat. Er geht in den Keller. Er nimmt den Geruch eines starken Parfums wahr. Das Parfum kommt ihm bekannt vor.

„Woher kenne ich den Geruch?“ Patrick versucht sich zu erinnern.

„Richtig. In der Ferienwohnung von Constanze hat es auch so gerochen. Ich glaube, ich bin auf der richtigen Spur.“

Patrick öffnet langsam die Kellertür. Mitten in dem kalten nassen Raum steht ein Stuhl. Daneben liegen Fesseln. Mit der Taschenlampe sucht er den Boden ab. Er findet ein Taschentuch. Er hebt es auf. Es hat rote Flecken. „Was wäre, wenn ...?“ Patrick hat nicht den Mut, den Gedanken weiter zu denken.

KAPITEL | 12

Westerland/Sylt
3. April, Ostersamstag, 23.29 Uhr

Erschüttert[61] verlässt Patrick das unheimliche Haus. Er blickt zum Himmel. Wolken schieben sich vor den Mond. Dunkelheit. Er geht zum Auto zurück.

Plötzlich hört Patrick wenige Meter vor sich Stimmen. Patrick traut seinen Ohren und seinen Augen nicht. In dem Auto sitzen Bernhard und Constanze.

„Na endlich. Wir warten schon auf dich. Wo warst du denn so lange?“, fragt Constanze mit gespielter Gleichgültigkeit. Patrick weiß nicht, was er fühlen, denken oder sagen soll. Er ist sprachlos. Er nimmt Constanze in seine Arme und hält sie fest, ganz fest. Privatdetektiv Patrick Reich hat Tränen in den Augen.

61 sehr zu Herzen gehen; einen Schock erleiden

Hauptbahnhof Westerland/Sylt
6. April, Dienstag, 9.56 Uhr

„Der Zug nach Hamburg-Altona fährt in Kürze ab. Bitte einsteigen. Die Türen schließen selbsttätig. Vorsicht bei der Abfahrt."

Constanze hat am Fenster Platz genommen. Patrick sitzt ihr gegenüber. Er liest die Sylter Rundschau[62].

„Guck mal", sagt er nach einer Weile, „du stehst in der Zeitung."

„Heute schon?", lächelt Constanze, „das ging aber schnell." Sie nimmt die Zeitung und liest.

> *Westerland.* In der Nacht von Ostersamstag zu Ostersonntag wurde der Safe der „German Bank" professionell geöffnet und ausgeraubt[63].
>
> Die Polizei wurde durch einen Hinweis informiert und erwartete die Gangster.
>
> Nach Angaben der Polizei hatten die Täter genaue Informationen über das Sicherheitssystem der Bank. Bei einem Schusswechsel mit der Polizei wurde ein mit internationalem Haftbefehl gesuchter 25-jähriger Bankräuber tödlich getroffen.
>
> Eine von den Tätern entführte Frau aus Berlin konnte sich selbst befreien.

62 Lokalzeitung auf Sylt
63 mit Gewalt leer machen

ÜBUNGEN ZU TÖDLICHER IRRTUM

Kapitel 1

Ü 1 Welches Wort gehört nicht dazu?

1. Markt, Meer, Natur, Sand, Sonne, Strand, Wasser
2. Auto, Bus, Fahrrad, Flugzeug, Koffer, Omnibus, Straßenbahn, Zug
3. Bluse, Hose, Hut, Jacke, Kleid, Mantel, Pullover, Regen, Rock, Schuhe
4. Geburtstag, Namenstag, Neujahr, Ostern, Pfingsten, Wochenende, Weihnachten, 1. Mai, 3. Oktober (Tag der Deutschen Einheit)

Kapitel 2

Ü 2 Welche Zusammenfassung ist richtig?

A Constanze nimmt am reservierten Fensterplatz ihren Sitz ein. Sie sieht nach draußen. Sie genießt die Landschaft. Sie unterhält sich mit ihrem Nachbarn. Sie erfährt viele interessante Einzelheiten seiner beruflichen Tätigkeit. Ihr Nachbar verpasst beinahe das Aussteigen in Keitum.

B Constanze kann sich erst nach einem sehr kurzen Gespräch auf ihren reservierten Platz am Fenster setzen. Ihr Nachbar erfährt mehr über Constanze als Constanze über ihn. In Keitum verlässt der Mitarbeiter für Sicherheitsfragen sehr schnell den Zug.

C Der junge Mann nimmt anfangs von Constanze keine Notiz. Constanze findet an dem gepflegten jungen Mann mit dem auffallenden Parfum Gefallen. Constanze erzählt aus ihrer Jugend und bestellt beim Bistrowagen für sich und ihren Nachbarn Kaffee und Kuchen.

Kapitel 3

Ü 3 Bringen Sie die Sätze in die richtige Reihenfolge.

a. Constanze ruft Patrick an.
b. Constanze genießt den Blick hinaus zu den Dünen und zum Meer.
c. Constanze will die Fragen von Bernhard am Abend beantworten.
d. Constanze geht zu Fuß durch die Innenstadt zu ihrer Wohnung.
e. Sie macht sich auf den Weg, um die wichtigsten Lebensmittel einzukaufen.
f. Constanze öffnet die Fenster.
g. Sie trifft Bernhard.

1	2	3	4	5	6	7

Ü 4 Richtig oder falsch? Kreuzen Sie an.

	richtig	falsch
1. Constanze möchte nichts trinken.	❑	❑
2. Bernhard ist älter als Patrick.	❑	❑
3. Bernhard erfährt, dass Constanze ihren Freund in einem Spanischkurs kennen gelernt hat.	❑	❑
4. Bernhard und Constanze verabreden sich zum Joggen.	❑	❑
5. Constanze möchte ihre Ferienwohnung vermieten.	❑	❑
6. Constanze schlägt vor, den Samstagabend mit Bernhard und Patrick zu verbringen.	❑	❑
7. Constanze hat Lust auf Fisch.	❑	❑

Suchen Sie die entsprechenden Stellen im Text und verbessern Sie die falschen Aussagen.

Ü 5 Was gehört zusammen?

1. Tatsache, aus der man bestimmte logische Schlüsse ziehen kann
2. sich darüber freuen, dass man etwas richtig gut gemacht hat
3. geschriebene Texte, die man zum Arbeiten oder als Beweis braucht
4. zwei Personen oder Dinge, die einander ähnlich sind und nicht unterschieden werden können
5. die feste Absicht haben, etwas Bestimmtes zu tun
6. ein kleines, einzelnes Blatt Papier, auf dem etwas steht oder auf das man etwas schreibt
7. mehrere Zimmer in einem Haus, die eine Einheit bilden und in denen jemand lebt
8. Vereinbarung zwischen zwei oder mehreren Partnern, die für alle Partner gültig ist
9. das, was zwei oder mehrere Personen sich erzählen
10. nach großer Aufregung wieder in einen normalen Zustand kommen

a. Unterlagen
b. Hinweis
c. sich vornehmen
d. stolz sein
e. Zettel
f. verwechseln
g. Gespräch
h. sich beruhigen
i. Wohnung
j. Vertrag

Kapitel 6

Ü 6 Welche Sätze stimmen mit dem Text überein?

1. Constanze hat am Samstagvormittag kein gutes Gefühl, als sie in ihre Wohnung geht.
2. Constanze sucht ihren Schlüssel, um die Wohnungstür aufzuschließen.
3. Im Schlafzimmer verliert Constanze das Bewusstsein.
4. Constanze glaubt, den Unbekannten aus dem Zug wieder zu erkennen.
5. Über das Schicksal von Constanze wollen die beiden Männer zu einem anderen Zeitpunkt entscheiden.
6. Constanze will schreien, sie kann es aber nicht.
7. Im Fahrstuhl fällt Constanze erneut in Ohnmacht.
8. Der Parkplatz vor dem Haus Brandenburger Straße 20 ist leer.

Kapitel 7

Ü 7 Was gehört unbedingt zusammen?

1. mit einem Seil	a. sitzen
2. dem Wind	b. hinunter gehen
3. über einen Fall	c. hinterlassen
4. Hinweise	d. fesseln
5. die Treppe	e. ausgesetzt sein
6. Spuren	f. geben
7. auf einem Stuhl	g. sprechen
8. ein Gespräch	h. mieten
9. einen Vorschlag	i. räumen
10. ein Haus	j. machen
11. aus dem Weg	k. hören
12. fieberhaft nach einer Lösung	l. suchen

Kapitel 8

Ü 8 Bringen Sie die Sätze in die richtige Reihenfolge.

R. Er bleibt vor der Wohnungstür stehen.
P. Patrick macht sich Sorgen.
T. Er geht schnell die Treppe hinauf.
A. Er fliegt nach Sylt.
K. Er liest die Notizen von Constanze.
C. Er geht in den Flur.
I. Er durchsucht die Wohnung.

Tragen Sie die Buchstaben in der richtigen Reihenfolge in die Kästchen ein.

1	2	3	4	5	6	7
			R			

Kapitel 9

Ü 9 Finden Sie in diesem Chaos die Sätze wieder, die sich auf Patrick beziehen. (Vorsicht: Ä = AE; Ö = OE; ß = SS)

P	A	T	R	I	C	K	B	B	M	A	C	H	T	U	S	S	I	C	H
G	R	O	S	S	E	C	D	S	O	R	G	E	N	E	F	S	E	I	T
F	G	F	R	E	I	T	A	G	H	I	H	A	T	E	R	L	M	N	K
N	I	C	H	T	S	M	N	M	E	H	R	X	Z	V	O	N	P	Q	F
C	O	N	S	T	A	N	Z	E	S	M	S	G	E	H	O	E	R	T	Y
E	R	R	S	T	F	L	I	E	G	T	N	A	C	H	P	Q	O	R	W
S	Y	L	T	G	H	I	E	R	F	I	N	D	E	T	C	D	E	G	H
S	I	E	N	I	C	H	T	T	U	V	E	R	S	P	R	I	C	H	T
M	I	T	B	E	R	N	H	A	R	D	U	N	D	E	R	H	A	E	L
T	W	I	C	H	T	I	G	E	I	N	F	O	R	M	A	T	I	O	N
E	N	V	E	R	M	A	C	H	T	S	I	C	H	A	U	F	D	I	E
A	C	S	U	C	H	E	N	A	C	H	C	O	N	S	T	A	N	Z	E

Kapitel 1–10

Ü 10 Wer findet die meisten Wörter in fünf Minuten? (Vorsicht: Ä = AE; Ö = OE)

B	V	E	R	W	E	C	H	S	L	U	N	G	C
A	C	E	I	N	B	R	U	C	H	D	E	V	G
O	M	O	R	D	Y	A	N	G	S	T	T	U	N
C	S	P	U	R	F	E	S	S	E	L	N	I	N
T	A	E	T	E	R	O	P	F	E	R	D	U	R
E	R	S	I	E	E	S	F	E	H	L	E	R	N
G	E	W	A	L	T	O	P	I	S	T	O	L	E
E	N	T	F	U	E	H	R	U	N	G	H	I	P
R	E	T	T	E	N	A	L	L	E	I	N	P	I
O	F	T	W	E	L	T	Z	W	I	N	G	E	N
E	V	E	R	Z	W	E	I	F	E	L	T	D	E
S	O	O	H	N	M	A	E	C	H	T	I	G	X
P	A	R	F	U	M	S	S	D	M	O	T	I	V

Kapitel 11

Ü 11 Stimmt das ...?

	Ja	Nein
1. Aus dem dunklen Haus kommen drei Männer.	❑	❑
2. Der BMW ist in Berlin zugelassen.	❑	❑
3. Patrick durchsucht das Haus von unten bis oben.	❑	❑

4. Patrick erinnert sich an den Geruch des Parfums. ❑ ❑
5. Patrik weiß jetzt, dass er auf der richtigen Spur ist. ❑ ❑
6. Patrick findet ein Taschentuch und ist schockiert. ❑ ❑
7. Auf dem Stuhl liegen Fesseln. ❑ ❑
8. Patrick ist verzweifelt. ❑ ❑

Kapitel 1–12

Ü 12 Tragen Sie die Antworten in die Kästchen ein.

1. Wie heißt der westliche Stadtteil von Hamburg?
2. Ein anderes Wort für Trolley.
3. Was trinken Patrick und Constanze am Gründonnerstag zuhause?
4. In welchem Land wurde die Hose hergestellt, die Bernhard trägt?
5. In welche Himmelsrichtung fahren die Verbrecher mit Constanze?
6. In welcher Stadt ist der BMW zugelassen?
7. Welches Fest feiern Christen im Frühling?
8. In welchem Restaurant ist das Essen mit Bernhard, Constanze und Patrick geplant?
9. Worauf hat Constanze großen Appetit?
10. In welchem Zustand verlässt Patrick das unheimliche Haus?
11. Welchen Vornamen trägt Kriminalhauptkommissar Tauber, der Freund von Patrick?

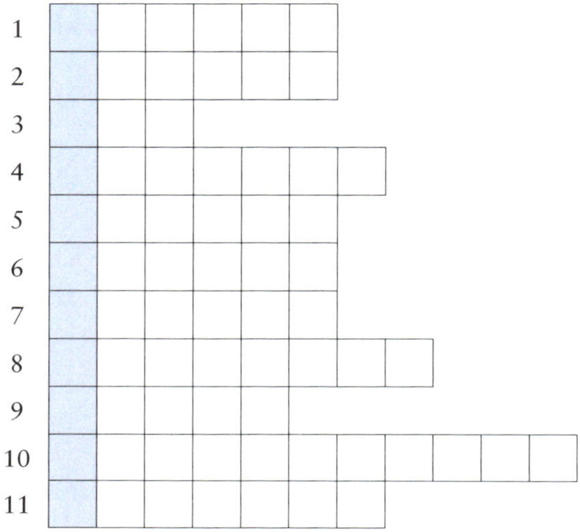

Erkennen Sie das Lösungswort?

____

Kapitel 12

Ü 13 Schlagen Sie eine Überschrift für Kapitel 12 vor.

LÖSUNGEN

Kapitel 1
Ü1 1. Markt; 2. Koffer; 3. Regen; 4. Wochenende

Kapitel 2
Ü2 B ist die richtige Zusammenfassung.

Kapitel 3
Ü3 1d, 2f, 3b, 4a, 5e, 6g, 7c

Kapitel 4
Ü4 richtig: 2, 5, 7
falsch: 1, 3, 4, 6

Kapitel 5
Ü5 1b, 2d, 3a, 4f, 5c, 6e, 7i, 8j, 9g, 10h

Kapitel 6
Ü6 1, 3, 4, 5, 6.

Kapitel 7
Ü7 1d, 2e, 3g, 4f, 5b, 6c, 7a, 8k, 9j, 10h, 11i, 12l

Kapitel 8
Ü8 PATRICK

Kapitel 9
Ü9 Patrick macht sich große Sorgen. Seit Freitag hat er nichts mehr von Constanze gehört. Er fliegt nach Sylt. Er findet sie nicht. Er spricht mit Bernhard und erhält wichtige Informationen. Er macht sich auf die Suche nach Constanze.

Kapitel 1–10
Ü10 Verwechslung, Einbruch, Mord, Angst, Tun, Spur, Fessel, fesseln, in, Täter, Opfer, er, sie, es, Fehler(n), Gewalt, Pistole, Entführung, retten, allein, oft, Welt, zwingen, verzweifelt, so, ohnmächtig, Parfum(s), Motiv

Kapitel 11
Ü11 Ja: 4, 5, 6, 8
Nein: 1, 2, 3, 7

Kapitel 1–12
Ü12
1. Altona
2. Koffer
3. Tee
4. England
5. Norden
6. Kassel
7. Ostern
8. Fährhaus
9. Fisch
10. erschüttert
11. Richard

Lösungswort: Aktenkoffer

Track	Titel
1	Nutzerhinweise, Copyright
2	Vorwort
3	Kapitel 1
4	Kapitel 2
5	Kapitel 3
6	Kapitel 4
7	Kapitel 5
8	Kapitel 6
9	Kapitel 7
10	Kapitel 8
11	Kapitel 9
12	Kapitel 10
13	Kapitel 11
14	Kapitel 12

TÖDLICHER IRRTUM

EIN FALL FÜR PATRICK REICH

Gelesen von Maria Koschny

Regie: Susanne Kreutzer
Kerstin Reisz
Christian Schmitz

Toningenieur: Christian Schmitz

Studio: Clarity Studio Berlin